I0072998

Winfried Werner
Probleme „feindlicher" Übernahmeangebote
im Aktienrecht

Schriftenreihe
der
Juristischen Gesellschaft zu Berlin

Heft 115

W
DE
G

1989
Walter de Gruyter · Berlin · New York

Probleme
„feindlicher" Übernahmeangebote
im Aktienrecht

Von
Winfried Werner

Vortrag
gehalten vor der
Juristischen Gesellschaft zu Berlin
am 26. April 1989

W
DE
G

1989
Walter de Gruyter · Berlin · New York

Dr. *Winfried Werner*
Honorarprofessor an der Universität Göttingen,
Rechtsanwalt in Frankfurt am Main

CIP-Titelaufnahme der Deutschen Bibliothek

Werner, Winfried:
Probleme „feindlicher" Übernahmeangebote im Aktienrecht :
Vortrag gehalten vor der Juristischen Gesellschaft zu Berlin
am 26. April 1989 / von Winfried Werner. – Berlin ; New York
: de Gruyter, 1989
  (Schriftenreihe der Juristischen Gesellschaft zu Berlin ; H. 115)
  ISBN 3 11 012326 6
NE: Juristische Gesellschaft ⟨Berlin, West⟩ : Schriftenreihe der
Juristischen Gesellschaft e. V. Berlin

©
Copyright 1989 by
Walter de Gruyter & Co. 1000 Berlin 30
Alle Rechte, insbesondere das Recht der Vervielfältigung und Verbreitung sowie der Übersetzung,
vorbehalten. Kein Teil des Werkes darf in irgendeiner Form (durch Fotokopie, Mikrofilm oder ein anderes
Verfahren) ohne schriftliche Genehmigung des Verlages reproduziert oder unter Verwendung elektronischer
Systeme verarbeitet, vervielfältigt oder verbreitet werden.
Printed in Germany
Satz und Druck: Saladruck, Berlin 36
Bindearbeiten: Verlagsbuchbinderei Dieter Mikolai, Berlin 10

I.

Stellen Sie sich bitte vor, eine Reihe großer amerikanischer und japanischer Unternehmen, verstärkt durch Spekulanten, entschlösse sich – begünstigt etwa durch einen gestiegenen Dollar-Kurs –, den Kleinaktionären der maßgeblichen deutschen Publikumsaktiengesellschaften Angebote auf Übernahme ihrer Aktien zu einem deutlich über dem Börsenkurs liegenden Preis zu unterbreiten. Unterstellen wir weiter, die Verlockung für die Aktionäre sei so groß, daß sie dem Angebot überwiegend Folge leisteten: das Ergebnis wäre, daß die betreffenden Gesellschaften nunmehr unter ausländischer Kontrolle ständen. Ein Horrorgemälde, gewiß, aber eine Vision, die bei aller Unwahrscheinlichkeit doch ein kleines Körnchen Wahrscheinlichkeit enthält. Und damit sind wir mitten in unserem Thema, den Problemen feindlicher Übernahmeangebote im Aktienrecht. Wir verstehen darunter Übernahmeangebote der eben skizzierten Art, die ohne Einvernehmen mit den Verwaltungen der betroffenen Gesellschaften – diese werden terminologisch als „Zielgesellschaften" bezeichnet – abgegeben werden. Angebote dieser Art waren ursprünglich im wesentlichen eine Domäne des amerikanischen Marktes und sind es schwerpunktmäßig auch heute noch. Um sich ein Bild von der Größenordnung zu machen, müssen wir uns vergegenwärtigen, daß die amerikanischen Investoren für ihre Übernahmeangebote von 1986 bis jetzt etwa 1 Billion US-Dollar eingesetzt haben sollen, die sich auf zusammen etwa 12 000 Unternehmen bezogen[1]; das Wort „Billion" ist hier nicht in seiner amerikanischen, sondern in seiner deutschen Bedeutung zu verstehen, meint also 1000 Mrd Dollar. In der Tendenz ist dieser gewaltige finanzielle Einsatz dabei steigend. Aber schon die eben genannte Investitionssumme würde rein ziffernmäßig ausreichen, um den wesentlichen Teil der deutschen Aktiengesellschaften zu erwerben, wobei darauf hingewiesen sei, daß dies nicht nur für die Gesamtsumme, sondern auch für den Einzeleinsatz bei den amerikanischen Übernahmeangeboten gilt: Soweit ersichtlich, lag der größte Einzeleinsatz bei 25 Mrd Dollar (Kohlberg, Kravis, Roberts & Co / R. J. Reynolds Nabisco)[2], ein Betrag, für den, vom Wert her gesehen, wohl die Mehrheit an jedem deutschen Unternehmen zu erlangen wäre.

---

[1] Vgl. v. Falkenhausen „Das ‚Takeover-Game' – Unternehmenskäufe in den USA", FS Stiefel, 161 ff (161); Lutter/Wahlers, Die AG 1989, 1 ff (2).
[2] Vgl. Wirtschafts-Woche 4/89, S. 103.

Feindliche Übernahmeangebote sind inzwischen seit geraumer Zeit nicht mehr eine Spezialität Amerikas. Auch in Europa mehren sich spektakuläre Fälle, die allerdings bisher im wesentlichen außerhalb der Bundesrepublik Deutschland domizilierende Zielgesellschaften betrafen. Beispielhaft darf ich an das schon einige Zeit zurückliegende Angebot der Allianz an die englische Gesellschaft Eagle Star erinnern, ferner an den Versuch des Italieners de Benedetti (Olivetti), die Société Générale de Belgique zu übernehmen.[3] Weiterhin ist an die den englischen Süßwarenhersteller Rowntree betreffenden Übernahmeangebote der Konzerne Nestlé und Suchard zu denken[4], die in England erhebliches Aufsehen erregten, und schließlich an den z. Z. aktuellen und anscheinend gelingenden Versuch der Siemens AG und des britischen Elektrokonzerns General Electric, die englische Plessey-Gruppe in ihren Einflußbereich zu ziehen.[5] Die Absicht der beiden Flick-Neffen, die Feldmühle Nobel AG zu übernehmen, habe ich bei dieser Aufzählung unberücksichtigt gelassen, weil sie schon im ersten Versuchsstadium aufgegeben wurde. Dagegen lesen wir in der Nr. 17 der Zeitschrift „Stern", daß die Gesellschaft neuerdings Gegenstand eines echten Übernahmeversuchs sein soll[6], und die Börsenzeitung vom 20. d. M. gibt eine Äußerung des Treasurers der Morgan Guaranty Trust Company wieder, daß auf die europäischen Banken feindliche Übernahmeversuche zukommen würden.

Wir brauchen aber gar nicht nur auf die spektakulären Fälle zu sehen. Der Gedanke an feindliche Übernahmeangebote – neudeutsch Takeovers – breitet sich auch im Alltagsleben immer mehr aus. Gerade vorgestern konnten wir in der FAZ[7] und in der Neuen Zürcher Zeitung[8] entsprechende Veröffentlichungen lesen. „Die Welt" berichtete kürzlich über ein Interview, in dem der Vorstandsvorsitzende der Hoesch AG u. a. befragt wurde, was er von den Hoesch betreffenden Aufkaufgerüchten halte – er hielt nichts davon –[9], und in einem im Manager Magazin veröffentlichten Interview[10] bemerkte Herr Schieren, daß seine Gesellschaft häufiger gebeten werde, Schachtelbeteiligungen zu übernehmen, was nicht selten auf die Überlegung von Aktionären oder Vorständen zurückzuführen sei,

---

[3] Über den gegenwärtigen Stand berichtet Die Welt vom 7.4.1989, S. 14.
[4] Siehe z. B. Börsenzeitung vom 30.4.1988, S. 1; Die Welt vom 18.5.1988, S. 12; Neue Zürcher Zeitung vom 25.6.1988, S. 13.
[5] Vgl. z. B. Börsenzeitung vom 6.5.1989, S. 7; Financial Times vom 8.6.1989, S. 27, und vom 10.6.1989, S. 3.
[6] Inzwischen ist die Beteiligung der VEBA AG bekanntgeworden.
[7] FAZ vom 24.4.1989, S. 13; vgl. auch FAZ vom 23.5.1989, S. B 33.
[8] Neue Zürcher Zeitung vom 24.4.1989, S. 13.
[9] Die Welt vom 7.4.1989, S. 12.
[10] Manager Magazin 4/89, S. 46 ff.

sich auf diese Weise eine gewisse Sicherheit vor Takeovers zu verschaffen. In der Tat werden in vielen Gesellschaften prophylaktische Überlegungen angestellt, wie man sich gegen Takeovers wappnen könne; pars pro toto mag auf die diesjährige Hauptversammlung der Dresdner Bank[11] und die letztjährige Hauptversammlung der Philips Gloeilampenfabrieken[12] hingewiesen werden, nach deren Tagesordnungen über vorsorgliche Gegenmaßnahmen Beschluß gefaßt wurde bzw. wird. Schließlich nimmt sich auch die Literatur in zunehmendem Maße der Thematik an, und wir verdanken mehreren bekannten Autoren wertvolle Untersuchungen zu den einschlägigen Problemen.[13]

II.

Damit kommen wir zu der Frage: Sind Übernahmeangebote volkswirtschaftlich vertretbar, wenn nicht gar zu begrüßen, oder stellen sie eine nicht zu billigende Anomalie dar? Die Meinungen hierüber sind unterschiedlich. Der Altmeister des deutschen Kreditwesens, Hermann Josef Abs, spricht von den „Räubern".[14] Ein anderer Bankier bezeichnet die feindlichen Übernahmeangebote als Irrwege des amerikanischen Kapitalismus.[15] Noch pointierter drückt sich ein Partner des New Yorker Bankhauses Lazard Frères aus, wenn er sagt, die ganze Welt sei jetzt eine Spielhölle, Las Vegas schließe wenigstens um 5 Uhr morgens, während das Übernahmespiel ohne Unterbrechung laufe.[16] Der frühere britische Verteidigungsminister Haseltine sah in dem schon erwähnten Versuch von Nestlé und Suchard, die englische Firma Rowntree zu übernehmen, einen Raubzug ausländischer Konzerne.[17]

---

[11] Einladung zur Hauptversammlung der Gesellschaft vom 26.5.1989, veröffentlicht im Bundesanzeiger Nr. 72 vom 15.4.1989.
[12] Einladung zur Hauptversammlung der Gesellschaft vom 12.4.1988, veröffentlicht im Bundesanzeiger Nr. 54 vom 18.3.1989.
[13] Ebenroth/Eyles, NJW 1988, 413; v. Falkenhausen aaO (Fn. 1); Hauschka/Roth, Die AG 1988, 181; Kerber, WM 1987, 741 und WM 1989, 473 und 513; Lutter/Wahlers aaO (Fn. 1); Otto, DB Beilage 12/88; Peltzer, ZKW 1986, 291, DB 1987, 973, ZKW 1988, 577, ZIP 1989, 69; Schiessl, RIW 1988, 522; Stoll, BB 1989, 301; Sünner, Die AG 1987, 276.
[14] Auf diese Äußerung wird in einem im Mannheimer Morgen vom 5.1.1989, S. 13, unter der Überschrift „Vorsicht vor Giftpillen" veröffentlichten Interview Bezug genommen.
[15] FAZ vom 23.12.1988, S. 12.
[16] Zitiert nach v. Falkenhausen aaO (Fn. 1), 164.
[17] Zitiert nach einem vor der Karlsruher Juristischen Studiengesellschaft gehaltenen, unveröffentlichten Vortrag von H. D. Assmann.

Dieser Kritik an der mergers- und acquisitions-Welle, mit der wir z. Z. konfrontiert sind, stehen allerdings auch positive Beurteilungen der Übernahmeangebote gegenüber. So wird gesagt, Übernahmeangebote trügen dazu bei, die Macht der Kleinaktionäre zu stärken, weil die Verwaltungen im Hinblick auf die Gefahr des Dazwischentretens von Übernehmern ein optimales Management anstreben müßten, um den Kleinaktionären das Verbleiben im Unternehmen schmackhaft zu machen. Übernahmeangebote trügen außerdem dazu bei, das knappe Anlagekapital einer bestmöglichen Verwendung zuzuführen. Es besteht also ein anscheinend unüberbrückbarer Gegensatz zwischen Befürwortern und Kritikern.[18]

III.

Der Versuch, in diesem Für und Wider der Meinungen eine Lösung zu finden, setzt voraus, daß wir uns über die Motive, die feindlichen Übernahmeangeboten zugrunde liegen, schlüssig werden und daß wir die mit der Übernahme zusammenhängenden Finanzierungsfragen betrachten.

1. Die Motive, aus denen ein Übernehmer – neudeutsch raider (Räuber) – tätig wird, sind höchst unterschiedlich. Es kann sich um den durchaus seriösen Versuch eines Bieters handeln, seinen Konzern durch Hinzuerwerb eines weiteren Unternehmens, evtl. eines Unternehmens auf der Marktstufe der Abnehmer oder der Zulieferanten, abzurunden. Das Übernahmeangebot kann weiterhin dazu dienen, dem Bieter Einfluß auf regional neue Märkte zu verschaffen, indem er in einem Gebiet, in dem er bisher nicht tätig war, eine dort ansässige Gesellschaft übernimmt. Das Übernahmeangebot kann demgegenüber aber auch bezwecken, sich eines lästigen Konkurrenten zu entledigen, indem dieser zunächst unter eigene Kontrolle gebracht und sodann ausgeschlachtet bzw. liquidiert wird. Motiv eines Übernahmeangebots kann ferner die Hoffnung auf einen schnellen Gewinn sein. So soll z. B. die bereits in anderem Zusammenhang erwähnte amerikanische Firma Kohlberg, Kravis, Roberts & Co durch die Übernahme des Beatrice-Konzerns einen Gewinn von 2 Mrd Dollar erzielt haben.[19] Schließlich sind Übernahmeangebote nicht ganz selten die Vorstufe zu einem sog. green-mailing, worunter man die Absicht des Übernehmers versteht, das Management der Zielgesellschaft so unter Druck zu setzen, daß sich diese veranlaßt sieht, den Übernehmern ihre Aktien zu überhöhten Kursen abzukaufen. Wir sehen also, seriösen Angebotsmotiven stehen durchaus als unseriös zu wertende Handlungsweisen gegenüber.

---

[18] Vgl. Assmann aaO (Fn. 17).
[19] Zitiert nach Lutter/Wahlers aaO (Fn. 1), 2.

2. Diese Zwiespältigkeit spiegelt sich auch in der Finanzierung der Übernahmeangebote wider. Während ein seriöser Übernehmer zumeist in der Lage ist, die Finanzierung durch Eigenmittel oder Fremdmittel sicherzustellen, ohne auf die Vermögenswerte der Zielgesellschaft zurückzugreifen, werden andere in meinen Augen als weniger seriös einzustufende Übernahmeversuche in der Weise finanziert, daß sich der Übernehmer die für die Übernahme benötigten Mittel zu einem wesentlichen Teil durch Zugriff auf das Vermögen der Zielgesellschaft verschafft. Wir haben es hier mit den neudeutsch als leveraged buyouts (LBO)[20] bezeichneten Verfahren zu tun, die in den USA in unterschiedlicher Weise praktiziert werden: Entweder zahlt die Gesellschaft selbst den Kaufpreis an die dem Angebot folgenden und ihre Aktien veräußernden Anteilseigner, oder sie stellt zur Absicherung der Kaufpreisforderungen Sicherheiten aus dem Gesellschaftsvermögen. Bekannt ist auch die Konstruktion, daß die veräußernden Aktionäre Schuldscheine des Bieters akzeptieren, die von der Gesellschaft bestätigt und besichert werden. Fehlt es an der Besicherung, so erhalten die Adressaten des Angebots häufig Schuldverschreibungen des Bieters, sog. Junk Bonds, die naturgemäß echte Risikopapiere sind und deshalb mit einem erhöhten Zinssatz ausgestattet werden.[21]

Diesen intern finanzierten buyouts stehen die buyouts gegenüber, bei denen die Finanzierung durch Dritte erfolgt, die entweder der Zielgesellschaft oder den Bietern einen Kredit in Höhe der für die Übernahme benötigten Mittel gewähren und wiederum durch Vermögenswerte der Zielgesellschaft besichert werden. Auf nähere Einzelheiten ist hier nicht einzugehen, jedoch wird die Frage, inwieweit derartige Finanzierungsformen mit den aktienrechtlichen Kapitalerhaltungsvorschriften zu vereinbaren sind, noch an späterer Stelle zu betrachten sein. Eine Sonderform des leveraged buyout sei noch in Gestalt des sog. Management buyout erwähnt.[22] Hier übernimmt das bisherige Management das Unternehmen, und auch hier trägt das Vermögen der Zielgesellschaft zur Finanzierung der Aktienübernahme bei.

IV.

Die Einstufung von Übernahmeangeboten als erwünscht oder unerwünscht kann naturgemäß nicht ohne einen Blick auf die rechtliche Situation vorgenommen werden.

---

[20] Abgeleitet von engl. lever = Hebel.
[21] Siehe dazu v. Falkenhausen aaO (Fn. 1), 168; Lutter/Wahlers aaO (Fn. 1), 2; Sünner aaO (Fn. 13), 278; vgl. auch den Kommentar in Das Wertpapier 1989, 352.
[22] Lutter/Wahlers aaO (Fn. 1), 2; vgl. auch die Beilage „Unternehmensbeteiligungen" der FAZ v. 23.5.1989.

10

1. In Deutschland haben wir keine gesetzliche Regelung, die sich mit der Materie befaßt. Infolgedessen sind Übernahmeangebote grundsätzlich als zulässig anzusehen. Sie stellen Kauf- bzw. Tauschverträge – letzteres dann, wenn die Gegenleistung in Wertpapieren besteht – dar, die zwischen Aktionären abgeschlossen werden. Dabei ist es Frage der Einzelumstände, ob das Übernahmeangebot ein echtes Vertragsangebot oder nur – was zumeist der Fall sein wird – eine invitatio ad offerendum darstellt. Bei dem somit maßgeblichen Kauf- bzw. Tauschrecht kann dem Gesichtspunkt der culpa in contrahendo dann besondere Bedeutung zukommen, wenn der Übernehmer das gewöhnlich bestehende Informationsdefizit der Kleinaktionäre zu seinen Gunsten ausnutzt und ihm obliegende Informationspflichten nicht erfüllt.[23]

Bisher hat sich das Fehlen einer speziellen gesetzlichen deutschen Regelung nicht als nachteilig erwiesen, was nicht nur auf das Fehlen von Übernahmeversuchen im Inlandsbereich, sondern auch auf einige Besonderheiten des deutschen Rechts, auf die noch einzugehen sein wird, zurückzuführen ist. Zudem haben wir eine freiwillige Regelung in Gestalt der im Januar 1979 von der Börsensachverständigenkommission beim Bundesfinanzministerium aufgestellten Leitsätze – der vollständige Titel lautet: „Leitsätze für öffentliche freiwillige Kauf- und Umtauschangebote bzw. Aufforderungen zur Abgabe derartiger Angebote in amtlich notierten oder im geregelten Freiverkehr gehandelten Aktien bzw. Erwerbsrechten".[24] Diese Leitsätze bezwecken den Schutz der vom Übernehmer angesprochenen Aktionäre, nicht den Schutz der Zielgesellschaft. Sie befassen sich insbesondere mit den Angaben, die der Übernehmer in sein Angebot aufzunehmen hat, und mit den Modalitäten des Angebots (z. B. Mindest- und Höchstlaufzeit, nachträgliche Änderung der Bedingungen, Gleichbehandlung der Adressaten des Angebots, Repartierung bei Überzeichnung usw.). Gegen die Leitsätze ist ins Feld geführt worden, daß sie unverbindlich seien und ein Übernehmer sich nicht nach ihnen zu richten brauche. Dieses Argument, dessen Tragfähigkeit mangels Vorkommens einschlägiger Fälle noch nicht erprobt werden konnte, mag theoretisch richtig sein. Das Beispiel der Insider-Handelsrichtlinien zeigt indessen, daß sich auch eine freiwillige Regelung Respekt und Anerkennung verschaffen kann und daß sie sich oft als flexibler und damit praxisnäher erweist als ein Gesetz.

Schutz bietet das deutsche Aktienrecht demgegenüber vor den vorhin beschriebenen leveraged buyouts, bei denen das Vermögen der Zielgesell-

---

[23] Vgl. dazu Assmann aaO (Fn. 17).
[24] Abgedruckt bei Bruns/Rodrian, Wertpapier und Börse, unter Nr. 423.

schaft zur Finanzierung der Übernahmeverpflichtungen des Käufers herangezogen wird. Die in diesem Zusammenhang in den USA praktizierten
Verfahren verstoßen in aller Regel gegen die §§ 57 und 71a AktG, gegen
§ 57 unter dem Gesichtspunkt, daß den Aktionären die Einlagen in
weitestem Sinne nicht zurückgewährt werden dürfen, und gegen § 71a
insoweit, als Rechtsgeschäfte nichtig sind, welche die Gewährung eines
Vorschusses oder eines Darlehens oder die Leistung einer Sicherheit
durch die Gesellschaft an einen anderen zum Zwecke des Erwerbs von
Aktien dieser Gesellschaft zum Gegenstand haben. Der Übernehmer
kann somit nach deutschem Recht in der ersten Phase der Übernahme
nicht – wegen der Sperrvorschrift des § 225 AktG auch nicht im Falle
einer Kapitalherabsetzung –[25] auf die Vermögenswerte der Zielgesellschaft
zurückgreifen. Außerhalb einer Kapitalherabsetzung kann er dies erst,
wenn die Vermögenswerte, z. B. durch Auflösung „anderer Gewinnrück-
lagen" oder durch Realisierung stiller Reserven, als Gewinn ausgeschüttet
werden oder wenn er nach ausreichendem Aktienerwerb sein Unternehmen bzw. eine ad hoc gegründete Zwischengesellschaft mit der Zielgesellschaft verschmilzt; das Vermögen der Zielgesellschaft wird dadurch eigenes Vermögen des Übernehmers bzw. der Zwischengesellschaft und kann
daher vom Wirksamwerden der Verschmelzung ab dritten Finanzierungs-
instituten (nicht dagegen den zu Anteilseignern des Übernehmers gewor-
denen Aktionären der Zielgesellschaft) als Sicherheit dienen. Im GmbH-
Bereich, der im Rahmen meiner Ausführungen unberücksichtigt bleibt,
liegen die Dinge etwas anders. Hier ist der Kapitalschutz insofern wesentlich geringer, als nach § 30 Abs. 1 GmbHG lediglich das zur Erhaltung des
Stammkapitals erforderliche Vermögen der Gesellschaft nicht an die
Gesellschafter ausgezahlt und damit auch nicht zur Besicherung von
Forderungen der Gesellschafter gegen Dritte herangezogen werden darf.
Ich lasse die hiermit zusammenhängenden weiteren Fragen indessen
unerörtert, weil feindliche Übernahmeversuche gegenüber deutschen
GmbHs praktisch kaum nennenswerte Bedeutung erlangen dürften.

2. Anders ist die Gesetzeslage im Ausland. Wenn wir zunächst die
Verhältnisse in den USA betrachten, so bestehen dort auf Bundes- und
Staatenebene unterschiedliche Gesetzesnormen, die sich aus den Zustän-
digkeitsabgrenzungen zwischen Bund und Einzelstaaten ergeben. Auf
Bundesebene finden wir Regelungen in den Vorschriften der SEC (Securi-

---

[25] Nach § 225 AktG darf bei einer ordentlichen Kapitalherabsetzung im
Interesse des Gläubigerschutzes eine Zahlung an Aktionäre erst geleistet werden,
wenn seit Bekanntmachung der Eintragung der Kapitalherabsetzung 6 Monate
verstrichen sind und den Gläubigern, die sich rechtzeitig gemeldet haben, Befriedi-
gung oder Sicherheit gewährt worden ist.

ties Exchange Commission), die sich vor allem mit den wertpapierrechtlichen Fragen befassen und u. a. insbesondere bestimmen, daß ein Übernahmeinteressent, der über eine Beteiligungsquote von 5 % an der Zielgesellschaft verfügt oder eine solche auch nur anstrebt, Offenlegungspflichten gegenüber der SEC hat. Die Regelungen schützen – auch in ihren übrigen Bestimmungen – primär die Adressaten des Übernahmeangebots, nicht dagegen die Zielgesellschaften.[26]

Anders verhält es sich in einigen Gesetzen der Einzelstaaten, die legislatorisch für Fragen des Gesellschaftsrechts zuständig sind.[27] Hier zeigt sich zum Teil deutlich die Tendenz, takeovers im Interesse des Schutzes der Zielgesellschaften zu erschweren. So bestimmt z. B. ein Gesetz des Staates Indiana aus dem Jahre 1986[28], daß Aktionäre, deren Beteiligung bestimmte Schwellenwerte überschreitet, das Stimmrecht verlieren, sofern nicht die übrigen Aktionäre anderweitig entscheiden. Diese Regelung findet allerdings nur auf solche Zielgesellschaften Anwendung, die nach dem Recht des Staates Indiana gegründet worden sind – in den USA gilt als Gesellschaftsstatut nicht das Recht des Sitzstaates, sondern das Recht des Gründungsstaates –, die ferner mindestens 100 Aktionäre haben und über einen Verwaltungssitz bzw. über wesentliche Vermögenswerte im Staat Indiana verfügen und schließlich deren Anteilseigner zumindest in Höhe von 10 % Einwohner von Indiana sind; letzterem steht gleich, wenn 10 % aller Anteile von Einwohnern des Staates Indiana gehalten werden oder mindestens 10 000 Anteilseigner Einwohner dieses Staates sind. Der Supreme Court hat dieses Gesetz als verfassungsgemäß bezeichnet.

Eine die Zielgesellschaft nachhaltig schützende Regelung enthält ferner das Recht des Staates Delaware, nach dessen Recht ein wesentlicher Teil der amerikanischen Gesellschaften gegründet worden ist. Die betreffende Ende 1987 in Kraft getretene Regelung sieht vor, daß bestimmte finanzielle Transaktionen zwischen der Zielgesellschaft und dem Übernehmer (bzw. einer ad hoc gegründeten Übernehmergesellschaft) für den Zeitraum von 3 Jahren nach Erwerb einer maßgeblichen Beteiligung von mindestens 15 % zu unterbleiben haben.[29] Zu den verbotenen finanziellen Transaktionen gehören u. a. Verschmelzungen der Zielgesellschaft und bestimmte Veräußerungen ihres Vermögens. Das 3jährige Verbot baut hierdurch einen Riegel gegen die leveraged buyouts auf. Die Sperre greift

---

[26] v. Falkenhausen aaO (Fn. 1), 172 f.
[27] Ebenroth/Eyles aaO (Fn. 13), 419; v. Falkenhausen aaO (Fn. 1), 180 f.
[28] Indiana Act von 1986, Control Share Acquisitions Chapter.
[29] Delaware General Corporation Law von 1988 (rückwirkend gültig ab 23. 12. 1987), Section 203.

allerdings dann nicht ein, wenn der Board der Zielgesellschaft dem
Aktienerwerb vor Übernahme zugestimmt hat oder wenn der Erwerber
im ersten Anlauf bereits mindestens 85 % der Aktien erworben hat oder
schließlich, wenn die übrigen Aktionäre auf die Sperre mit qualifizierter
⅔-Mehrheit verzichtet haben.

3. Wenden wir uns dem EG-Bereich zu, so stoßen wir in Großbritan-
nien wie bei uns auf eine nur freiwillige Regelung, nämlich den Londoner
„City Code on takeovers and mergers".[30] Wie die deutschen Leitsätze
beschäftigt er sich im wesentlichen mit der Fairneß von Übernahmeangeboten, enthält also primär Regelungen zum Schutz der angesprochenen
Aktionäre. Der Grad der rein faktischen Verbindlichkeit des City Code
ist größer als die durch die deutsche Leitsätze hervorgerufene Bindung;
Gesetzesqualität hat die Regelung indessen nicht.

Demgegenüber gibt es in Frankreich, in den Niederlanden und in
Italien gesetzliche Regelungen, auf die hier im einzelnen nicht einzugehen
ist, die aber ebenfalls vorwiegend den Schutz der Angebotsadressaten
bezwecken und diesen Schutz gewährleistende Verfahrensvorschriften
enthalten.[31]

Bemerkenswert ist schließlich die Initiative, die die europäische
Gemeinschaft neuerdings gegenüber takeovers entfaltet. Am 16. 2. diesen
Jahres ist von der Kommission der Vorschlag für eine 13. Richtlinie auf
dem Gebiet des Gesellschaftsrechts veröffentlicht worden[32], die sich mit
Übernahmeangeboten befaßt und deren Inkraftsetzung anscheinend zügig
vorangetrieben werden soll. Das Justizministerium glaubt, daß die Ver-
handlungen im Rat der EG noch vor Jahresmitte aufgenommen werden.
Kernpunkt auch dieser Regelung ist wiederum der Schutz der Angebotsadressaten, wobei jedoch bemerkenswert und kritikwürdig die Bestimmung in Art. 4 Abs. 1 erscheint, nach der derjenige, der eine bestimmte
Anzahl oder einen bestimmten Prozentsatz von Wertpapieren einer
Gesellschaft innehat oder erwerben will, ab einem Schwellenwert von
höchstens 33 ⅓ % zur Abgabe eines Angebots verpflichtet sein soll, das
sich auf *alle* Wertpapiere der Gesellschaft erstreckt.[33] Nach der Begründung soll damit vermieden werden, daß Aktionäre, deren Papiere nicht im
Zuge eines Teilangebots erworben worden sind, einen Vermögensverlust
durch Wertminderung der Aktien erleiden, die sie nach Abgabe des

---

[30] Vgl. dazu Pennington „The City Code on Takeovers and Mergers", FS
Duden, 379.

[31] Siehe für den französischen Bereich im einzelnen Kerber, WM Sonderbei-
lage 3/1988.

[32] Kom (88) 823 – Syn 186.

[33] Vgl. Artikel 4 Abs. 1 des Richtlinienvorschlags.

Angebots in Händen halten. Dieses Alles-oder-Nichts-Prinzip ist m. E. nicht sachgerecht, da es ohne Not die Konzentration auch dort fördert, wo der Übernehmer die Erlangung der Mehrheit gar nicht anstrebt.[34] Ein Repartierungsgebot, das im Falle einer Überzeichnung des takeover die Gleichbehandlung der Angebotsadressaten gewährleistet, würde genügen und dem mit Art. 4 verfolgten Ziel in sachgerechterer Weise dienen. Zum Widerspruch fordert auch die Bestimmung in Art. 8 heraus, nach der das Verwaltungs- oder Leitungsorgan der Zielgesellschaft in seinen Möglichkeiten, den Übernahmeversuch abzuwehren, weitgehend beschränkt werden soll, sobald der Übernehmer seine Absicht, das Angebot abzugeben, offengelegt hat. Hier wird der Schutz der Zielgesellschaft bewußt zurückgestellt. Mit der Frage, ob dies vertretbar ist, werden wir uns noch zu beschäftigen haben.

V.

Zieht man aufgrund des Gesagten eine Zwischenbilanz, so bleibt die Frage, ob Übernahmeangebote insgesamt gesehen begrüßenswert oder abzulehnen sind, noch offen, und es ergibt sich deshalb die Notwendigkeit, das Für und Wider noch weiter zu analysieren.

Für die Nützlichkeit von Übernahmeangeboten sprechen vor allem die zum Teil schon erwähnten folgenden Gesichtspunkte:

- Die Verwaltung der Gesellschaft wird, um Übernahmeangeboten vorzubeugen, zu einem möglichst effektiven Einsatz und zur Erwirtschaftung möglichst hoher Erträge gezwungen.
- Die Ohnmacht der einzelnen Aktionäre gegenüber den Verwaltungen wird gemindert, weil sie im Falle eines Übernahmeangebots potentiell über das weitere Schicksal der Gesellschaft entscheiden.
- Übernahmeangebote fördern in Einzelfällen die Ablösung untätiger bzw. nicht genügend aktiver Verwaltungen.
- Zum rechten Zeitpunkt und an die richtigen Adressen ergehende Übernahmeangebote können im Einzelfall eine bessere Verteilung des zumeist knappen Anlagekapitals zur Folge haben.
- Gegenüber heimlichen Aktienkäufen an der Börse vermeidet das Übernahmeangebot zumeist ein wirtschaftlich nicht gerechtfertigtes übermäßiges Ansteigen der Kurse.

---

[34] Der Richtlinienvorschlag beruht darauf, daß der Schwellenwert von 33 ⅓ % nach den Rechten einiger Mitgliedstaaten die Grenze ist, von der ab eine Sperrminorität besteht. Wer eine Sperrminorität anstrebt, muß aber noch keineswegs den Wunsch haben, die Kontrolle über die Gesellschaft zu erreichen; die Sperrminorität vermittelt die Kontrollmöglichkeit – zumindest nach deutscher Auffassung – noch nicht.

Gegen die Nützlichkeit von takeovers sprechen demgegenüber vor allem folgende Überlegungen:

- Übernahmekämpfe legen häufig die Verwaltung der Zielgesellschaft weitgehend lahm, weil ihre Schaffenskraft von der Abwehr des Übernahmeversuchs absorbiert wird. Dabei ist zu berücksichtigen, daß der Erfolg einer Übernahme nicht selten mit der Ablösung der bisherigen Verwaltungsmitglieder verbunden ist. Diese kämpft also nicht nur für die Zielgesellschaft, sondern auch – möglicherweise nicht immer berechtigt – um ihr eigenes geschäftliches Überleben.
- Schon vor Übernahmeversuchen muß die Verwaltung einer potentiellen Zielgesellschaft im Interesse ihrer Attraktivität eine kurzfristige, auf möglichst hohen Ertrag gerichtete Unternehmenspolitik betreiben, was nicht nur zu Lasten von Forschung und Entwicklung gehen, sondern auch die Bildung ausreichender Rücklagen beeinträchtigen kann.
- Im Gefolge dieser kurzfristigen Unternehmenspolitik und durch prophylaktische Abwehrmaßnahmen kann es zu Bonitätsverschlechterungen kommen. Untersuchungen in den USA haben ergeben, daß festgestellte Bonitätsverschlechterungen in etwa 50 % der Fälle im Zusammenhang hiermit standen.[35]
- Erfolgreiche Übernahmen führen, wenn die Konstruktion des leveraged buyout benutzt wird, häufig zu nachträglichen Substanzverlusten und zur Auflösung stiller Reserven. Damit in Zusammenhang kann es zu einem Verlust von Arbeitsplätzen und evtl. auch zu einer Gefährdung der Gläubiger kommen.
- Übernahmeangebote fördern die Konzentration, insbesondere wenn die in dem Vorschlag für die 13. EG-Richtlinie von mir schon erwähnte Regelung verwirklicht würde, daß schon das Anstreben einer nur 33 1/3 % betragenden Beteiligung die Pflicht zur Folge hätte, *allen* Aktionären der Zielgesellschaft ein Übernahmeangebot zu unterbreiten und damit eine 100%ige Übernahme zu verfolgen.

Bewertet man die vorstehende Übersicht, der möglicherweise weitere Argumente angefügt werden können, so zeigt sich, daß die *gegen* die Nützlichkeit von takeovers sprechenden Gesichtspunkte zwar nicht der Zahl, wohl aber der Sache nach überwiegen dürften. Daraus die Konsequenz zu ziehen, Übernahmeangebote zu verbieten oder sie so zu erschweren, daß sie faktisch unmöglich werden, wäre nun allerdings unrealistisch. Der Rechtszustand in der EG läßt sich nicht in sein Gegen-

---

[35] Unveröffentlichte Untersuchungen der New Yorker Filiale eines deutschen Kreditinstituts.

16

teil verkehren. Wohl aber ist aus der Bewertung der Pro- und Contra-
Argumente der Schluß zu ziehen, daß nicht nur die Adressaten von
takeovers zu schützen sind – dieser Schutz etwa auf Basis der deutschen
Leitsätze ist durchaus gerechtfertigt und notwendig –, sondern daß auch
der Zielgesellschaft zumindest insoweit Schutz zuteil werden muß, als
man sie nicht daran hindern darf, Abwehrstrategien zu entwickeln und sie
im Rahmen des Vertretbaren auch noch nach Bekanntwerden eines Übernahmeangebots zu verwirklichen. Der Gedanke, daß es alleinige Sache der
bisherigen und der potentiellen neuen Anteilseigner sei, darüber zu
entscheiden, wem die Zielgesellschaft gehören soll, erscheint mit puri-
stisch und überspitzt. Der Vorstand hat nicht nur auf das Wohl der
Aktionäre, sondern auch auf das Wohl der Gesellschaft bedacht zu sein.
Dieses Wohl kann es erforderlich machen, Maßnahmen zu treffen, mit
denen einem der Gesellschaft schädlichen Anteilseignerwechsel vorge-
beugt wird. Daß diese Betrachtungsweise nicht außerhalb der Wertvor-
stellungen des Aktiengesetzes liegt, zeigt die Institution der vinkulierten
Namensaktie: Nach § 68 Abs. 2 AktG erteilt der Vorstand die Zustimmung zur Übertragung einer derartigen Aktie. Die Satzung kann zwar
bestimmen, daß der Aufsichtsrat oder die Hauptversammlung über die
Erteilung der Zustimmung beschließt. Fehlt es jedoch an einer Satzungsregelung, so liegt die Kompetenz beim Vorstand, und er ist solchenfalls
nicht nur für die Abgabe der Erklärung über die Zustimmung oder
Zustimmungsverweigerung zuständig, sondern er entscheidet auch sach-
lich über Nützlichkeit oder Schädlichkeit des Hinzutretens eines neuen
Aktionärs; der Vorstand hat also nach der Vorstellung des Gesetzgebers
die Primärkompetenz.

Die Zusammensetzung des Aktionärskreises ist deshalb nicht – zumindest nicht immer – wertneutral und der Beeinflussung durch Maßnahmen
des Vorstandes entzogen. Und schon gar nicht wird man dem Vorstand
das Recht streitig machen dürfen, der Hauptversammlung Vorschläge zu
unterbreiten – z. B. Einführung eines Höchststimmrechts –, die das
Hinzutreten von Großaktionären erschweren; nicht einmal Art. 8 des
Vorschlages für die 13. EG-Richtlinie will die Befugnisse des Vorstandes
in dieser Richtung beschneiden.[36]

Die Feststellung, daß Abwehrreaktionen der Zielgesellschaft legitim
und unter dem Gesichtspunkt ihres Schutzes sogar notwendig sein kön-

---

[36] Artikel 8 des Richtlinienvorschlags untersagt dem Verwaltungs- oder
Leitungsorgan der betroffenen Gesellschaft – sofern nicht die HV ihre Zustimmung
erteilt –, Wertpapiere auszugeben, mit denen ein Stimmrecht verbunden ist, oder
die in Wertpapiere mit Stimmrecht umgewandelt werden können, sowie die

nen, scheint mir von wesentlicher Bedeutung zu sein. Sie hat gleichzeitig zur Konsequenz, daß Abwehrmaßnahmen betreffende Hauptversammlungsbeschlüsse keinem besonderen Rechtfertigungszwang unterliegen. Die Frage, ob es für einen formal den gesetzlichen Erfordernissen entsprechende Hauptversammlungsbeschluß überhaupt eines Rechtfertigungszwanges in dem Sinne bedarf, daß im Streitfall darzutun ist, ob der Beschluß zur Erreichung des mit ihm verfolgten Zweckes geeignet ist und das Verhältnismäßigkeitserfordernis wahrt, ist bekanntlich in der Rechtslehre umstritten und auch in der Rechtsprechung nicht endgültig geklärt.[37] Pflichtet man der Auffassung bei, daß Abwehrmaßnahmen grundsätzlich zu billigen sind, so sollte es aber jedenfalls auch aus der Sicht derjenigen, die den Rechtfertigungszwang bejahen, eines solchen Zwangs für einschlägige Hauptversammlungsbeschlüsse nicht bedürfen. Unangemessene Beschlüsse sind dann lediglich unter dem Gesichtspunkt des Rechts- bzw. Ermessensmißbrauchs angreifbar. Auf einige Einzelheiten, die sich aus dieser These ergeben, komme ich noch zurück.

VI.

Daß in der Bundesrepublik von den nach dem Gesagten zulässigen Abwehrstrategien bisher nur in verhältnismäßig geringem Maß Gebrauch gemacht worden ist, liegt an verschiedenen Besonderheiten des deutschen Rechts, die unsere Gesellschaften für potentielle Bieter weniger attraktiv erscheinen lassen als Unternehmen anderer Rechtskreise. Folgendes erscheint insoweit erwähnenswert:

1. Die Zahl der börsennotierten deutschen Aktiengesellschaften ist verhältnismäßig gering; sie belief sich im Jahr 1986 auf 467 bei einer Gesamtzahl von 2262 Aktiengesellschaften.[38] Die börsennotierten Aktiengesellschaften sind zum Teil konzernverbunden, so daß Übernah-

---

Durchführung von Rechtsgeschäften, die nicht zu den laufenden, zu normalen Bedingungen getätigten Geschäften gehören; für das letztere soll eine Ausnahme dann gelten, wenn die zuständige Aufsichtsbehörde ihre ausführlich begründete Zustimmung erteilt.

[37] Vgl. aus der Rechtsprechung zuletzt das Linotype-Urteil des BGH vom 1. 2. 1988, ZIP 1988, 301. Aus der Literatur vgl. Hirte, Bezugsrechtsausschluß und Konzernbildung, 1986, 129 ff; Lutter, ZGR 1981, 171 ff (179); Martens, FS Fischer, 437 ff (445 f) und GmbH-Rdsch. 1984, 265 ff (269 f); U. H. Schneider, ZGR Sonderheft Nr. 6, Berlin 1986, 121 ff (129); Timm, ZGR 1987, 403 ff; Wiedemann, Gesellschaftsrecht Bd. 1, 435 und ZGR 1980, 147 ff (157); Zöllner in Kölner Kommentar 1. Aufl., Einleitungsband Rdn. 55 und in Baumbach/Hueck, GmbHGes., 15. Aufl., Anhang § 47 Rdn. 52 f.

[38] PM-Studie über Aktionärsstrukturen und Aktienbesitz der Bundesrepublik Deutschland, 1988, 32.

18

meangebote mit dem Ziel, die Kontrolle zu erwerben, insoweit von vornherein aussichtslos erscheinen. Aber auch bei den nicht konzernverbundenen Gesellschaften gibt es zahlreiche Großaktionäre, die Übernahmeangebote für den Bieter ebenfalls risikoreich machen oder deren Aktienbesitz zusammengerechnet sogar die 50 %-Grenze überschreitet; als Beispiel sei die Daimler Benz AG genannt, wo dies im Hinblick auf den Aktienbesitz der Deutschen Bank AG und der Mercedes Automobil-Holding AG zutrifft. Theoretisch gesehen könnten natürlich auch nicht-börsennotierte Gesellschaften Objekte eines takeovers sein; rein praktisch ist mit derartigen Übernahmeangeboten jedoch nicht, zumindest nicht in nennenswertem Umfang, zu rechnen.

2. Übernahmeversuche im Bereich der Aktiengesellschaften stoßen, wie bereits erwähnt, auf die Kapitalschutzvorschriften der §§ 57 und 71 a AktG, so daß leveraged buyouts jedenfalls unter kurzfristigem Zugriff auf die Vermögenswerte der Zielgesellschaft nicht in Betracht kommen.

3. Leveraged buyouts stoßen aber auch auf die Schranken, die das deutsche Konzernrecht einer Ausplünderung der Zielgesellschaft entgegenstellt. Der Übernehmer ist nach den §§ 311 ff AktG, auch wenn er die Mehrheit der Anteile an der Zielgesellschaft erlangt hat, gehindert, diese zu nachteiligen Rechtsgeschäften bzw. Maßnahmen zu veranlassen. Die Veräußerung wertvoller Unternehmensteile würde häufig als nachteilig in diesem Sinne einzustufen sein, so daß der Übernehmer den in § 311 AktG beschriebenen Ausgleich zu leisten hätte, wollte er sich nicht schadensersatzpflichtig machen. Nachteilige Eingriffe ohne Ausgleich wären ihm erst gestattet, wenn es ihm gelänge, einen Beherrschungsvertrag mit der Zielgesellschaft abzuschließen; dafür würde er jedoch eine qualifizierte Mehrheit benötigen. Hier darf allerdings nicht verkannt werden, daß sich diese Mehrheit nicht von dem vorhandenen, sondern von dem in der Hauptversammlung vertretenen Kapital errechnet, so daß bei einer niedrigen Hauptversammlungspräsenz schon eine verhältnismäßig geringe Beteiligungsquote ausreichend sein könnte. Immerhin muß der Übernehmer aber damit rechnen, daß eine spektakuläre Hauptversammlung – und um eine solche würde es sich ja in den einschlägigen Fällen handeln – gut besucht wäre, wofür nicht zuletzt die Kreditinstitute im Zusammenhang mit den ihnen gegenüber den Aktionären obliegenden Unterrichtungspflichten[39] sorgen würden, ganz abgesehen davon, daß zahlreiche Kleinaktionäre sich ohnehin der Banken als Stimmrechtsbevollmächtigte bedienen.

---

[39] Vgl. §§ 128, 135 AktG.

4. Von Bedeutung ist weiterhin, daß die meisten großen im Streubesitz
stehenden Aktiengesellschaften dem Mitbestimmungsgesetz von 1976
unterliegen. Dieses Gesetz erschwert nicht nur gewöhnliche Beschlußfas-
sungen im Aufsichtsrat, sondern konfrontiert den Übernehmer vor allem
mit dem umständlichen Verfahren bei der Berufung und Abberufung von
Vorstandsmitgliedern.[40] Gerade der Austausch des Managements kann
indessen für einen Bieter von wesentlicher Bedeutung sein. Hiervon
abgesehen ist es ohnehin verständlich, daß ein Bieter, der die Wahl hat, ob
er ein mitbestimmungsfreies ausländisches Unternehmen oder ein der
Mitbestimmung unterliegendes deutsches Unternehmen zum Gegenstand
seines takeovers macht, bei sonst gleichen Voraussetzungen geneigt sein
wird, das mitbestimmungsfreie Unternehmen zu wählen.

5. Übernehmer, die an eine Ausplünderung der Zielgesellschaft nach
erfolgreichem takeover denken, werden außerdem die betriebsverfas-
sungsrechtlichen Erschwernisse zu berücksichtigen haben, die in diesem
Zusammenhang auf sie zukommen, wobei insbesondere an die Sozial-
pläne[41] zu denken ist. Die sozialen Netze, die in unserem Gesellschaftsrecht gespannt sind, erweisen sich hier als Hilfsmittel gegen spekulative
Übernahmeversuche.

6. Schranken ergeben sich ferner aus der Fusionskontrolle. Übernehmer,
deren takeovers auf die Erlangung einer maßgeblichen Beteiligung an einem
deutschen Unternehmen gerichtet sind, haben, wenn die Voraussetzungen
des § 24 a GWB erfüllt sind[42], den Übernahmeversuch im Vorwege beim
Bundeskartellamt anzumelden. Das Anmeldeverfahren hat, auch wenn es
für die Anmelder positiv endet, zeitliche Verzögerungen zur Folge und
bewirkt außerdem, daß die Zielgesellschaft frühzeitig von dem Übernahmeversuch Kenntnis erhält. Aber auch wenn die Übernahme keine vorherige
Anmeldung, sondern nur eine nachträgliche Anzeigepflicht zur Folge hat,
ergibt sich ein Unsicherheitsmoment für den Übernehmer, das bis zu einem
gewissen Grad prohibitiv wirken kann.

7. Schließlich darf der Übernehmer nicht ohne weiteres damit rechnen,
daß die Haus- und Depotbanken der Zielgesellschaft sein Vorhaben
unterstützen. Nach bisherigem Verständnis würde es die Mehrzahl der
Kreditinstitute ablehnen, sich als Geburtshelfer für ein takeover zur

---

[40] § 31 MitbestG.

[41] § 112 BetrVerfG in der ab 1. 1. 1989 gültigen Fassung.

[42] Die Anmeldepflicht besteht nach § 24 a Abs. 1 Satz 2 Nr. 1 und 2 GWB, wenn
eines der am Zusammenschluß beteiligten Unternehmen im letzten Geschäftsjahr
Umsatzerlöse von mindestens DM 2 Mrd hatte oder mindestens zwei der am
Zusammenschluß beteiligten Unternehmen im letzten Geschäftsjahr Umsatzerlöse
von DM 1 Mrd oder mehr hatten.

Verfügung zu stellen. Einige Institute haben dies expressis verbis bereits erklärt, wobei diese Erklärungen allerdings wohl primär inländische Zielgesellschaften betreffen. Die Zurückhaltung ist durchaus erklärlich; die Hausbank einer Zielgesellschaft, die sich für ein takeover stark macht, ginge, wenn das takeover mißlingt, mit Sicherheit ihres Kunden verlustig; die Unterstützung eines unseriösen takeovers würde außerdem ihrem Ruf schaden.

VII.

Sind hiernach die im Inland domizilierenden Zielgesellschaften für potentielle Übernehmer unter dem Gesichtspunkt ihres rechtlichen und tatsächlichen Umfeldes für Übernahmeversuche nicht besonders attraktiv, so darf das doch nicht darüber hinwegtäuschen, daß solche Versuche gleichwohl nicht auszuschließen sind, zumal der bevorstehende Gemeinsame Markt das Interesse an takeovers vermutlich wachsen lassen wird. Dies erklärt, daß sich viele große Unternehmen Abwehrstrategien überlegen und sie zum Teil bereits in die Tat umsetzen. Betrachten wir daher die einzelnen Möglichkeiten:

1. Das bisher wohl am meisten verbreitete Abwehrmittel besteht in der Einführung des sog. Höchststimmrechts. Dieses in § 134 AktG geregelte Institut ermöglicht es, die Stimmkraft, die dem einzelnen Aktionär aus seinem Aktienbesitz zusteht und die normalerweise durch den Nennbetrag seiner Aktien bestimmt wird, nach oben zu begrenzen. Die Begrenzung besteht darin, daß der Aktionär auch bei höherem Aktienbesitz nur so viele Stimmrechte ausüben kann, wie sie eine bestimmte Beteiligungsquote (z. B. 5 %) oder ein bestimmter Aktiennennbetrag gewähren. Das Gesetz gestattet es in diesem Zusammenhang, den Aktien des Aktionärs auch die Aktien zuzurechnen, die einem anderen für seine Rechnung gehören; ebenso können dem Aktionär, der ein Unternehmen ist, die Aktien zugerechnet werden, die einem von ihm abhängigen oder ihn beherrschenden oder mit ihm konzernverbundenen Unternehmen gehören oder für deren Rechnung von einem Dritten gehalten werden.[43] Das Höchststimmrecht hindert also den Übernehmer auch bei einem erfolgreichen takeover daran, die für jeden Hauptversammlungsbeschluß erfor-

---

[43] § 134 Abs. 1 Satz 2 bis 4 AktG. Bisher haben etwa 17 Gesellschaften ein Höchststimmrecht in ihrer Satzung verankert, darunter BASF AG, Bayer AG, Continental AG, Deutsche Babcock AG, Deutsche Bank AG, Dresdner Bank AG (noch nicht im Handelsregister eingetragen), Feldmühle AG, Linde AG, Mannesmann AG, Schering AG, Veba AG, VW AG. Weitere Gesellschaften sind dabei, die Einführung eines Höchststimmrechts vorzubereiten.

derliche Stimmenmehrheit zu erlangen, und insoweit scheint das Höchststimmrecht ein probates Mittel gegen Übernahmeversuche zu sein.

Der Schutz, den das Höchststimmrecht gewährt, ist jedoch nur unvoll-
kommen.

a) Zum einen ist der Übernehmer nicht daran gehindert, Vereinbarun-
gen mit für eigene Rechnung handelnden Dritten[44] zu treffen, nach denen
diese bei Hauptversammlungsbeschlüssen in gleichem Sinne wie er stimmen. Schöpfen die Dritten die nach dem Höchststimmrecht zulässige
Stimmkraft voll aus, so kann sich aus der Addition ihrer Stimmen mit den
Stimmen des Übernehmers durchaus eine Stimmenmehrheit ergeben.
Beläuft sich das Höchststimmrecht z. B. auf 5 % der Aktien einer Gesellschaft, so würden 11 für eigene Rechnung, aber durch Stimmpooling
miteinander verbundene Aktionäre genügen, um die Stimmenmehrheit zu
erlangen. Berücksichtigt man, daß die Hauptversammlungspräsenzen
häufig nur bei 60 % des Grundkapitals liegen, so würde sogar eine
entsprechend geringere Zahl von poolverbundenen Aktionären ausreichend sein. Unter diesem Gesichtspunkt erscheinen die Stimmkraftgren-
zen, die die Gesellschaften gewählt haben, bei denen ein Höchststimmrecht besteht, im Grunde zu niedrig. Sie liegen im allgemeinen bei 5 %
oder 10 %. Ein Stimmenpool der erwähnten Art läßt sich m. E. mit einiger
Sicherheit nur verhindern, wenn wesentlich geringere Beteiligungsquoten
als Grenze gewählt werden. Das wiederum würde jedoch wahrscheinlich
zu negativen Kursabschlägen führen, und es ist daher verständlich, daß die
Gesellschaften sich im Kompromißwege mit den verhältnismäßig hohen
Grenzwerten begnügen. Verständlich ist dies auch deshalb, weil die
Gerichte in einer Atomisierung des Stimmrechts möglicherweise einen zu
weitgehenden Eingriff in die Aktionärsrechte und damit einen Rechtsmiß-
brauch erblicken könnten.

b) Die zweite Unvollkommenheit des Höchststimmrechts als Abwehrmittel besteht darin, daß es nach dem Gesetz nur die Stimmkraft betrifft,
dagegen die Rechte aus den Kapitalquoten in voller Höhe bestehen läßt.[45]
Nach dem Aktiengesetz bedarf eine Reihe wesentlicher Beschlüsse – so
z. B. Satzungsänderungen, Kapitalerhöhungen und Kapitalherabsetzun-
gen, Abschluß von Unternehmensverträgen usw. – zweier Mehrheiten,

---

[44] Bei einer solchen Absprache handelt es sich um Stimmrechtsvereinbarun-
gen, die nach herrschender Meinung zulässig sind, soweit sie nicht gegen allgemeine
Rechtsgrundsätze verstoßen oder die in § 136 Abs. 2 AktG genannten Tatbestände
verwirklichen; vgl. Barz in Großkomm. zum AktG, § 134 Anm. 41; Eckardt in
Geßler/Hefermehl/Eckardt/Kropff, AktG, § 136 Rdn. 51 ff; Zöllner in Kölner
Kommentar zum AktG, 1. Aufl., § 136 Rdn. 83 ff.
[45] § 134 Abs. 1 Satz 6 AktG.

nämlich der einfachen Stimmenmehrheit und zusätzlich einer qualifizier-
ten Kapitalmehrheit von zumeist 75 % des vertretenen Grundkapitals.
Der Übernehmer, dem es gelingt, mehr als 25 % des Grundkapitals zu
erwerben, hat damit die Möglichkeit, derartige Beschlüsse zu verhindern.
Er verfügt zwar infolge des Höchststimmrechts nicht über die Stimmenmehrheit, wohl aber ist er Inhaber einer Kapitalquote, die es den übrigen
Aktionären unmöglich macht, die für einen derartigen Beschluß erforderliche Kapitalmehrheit zusammenzubringen. Der Übernehmer verschafft
sich damit einen Lästigkeitswert, indem er Satzungsänderungen, Kapitalmaßnahmen u. dergl. verhindern kann, so daß die Verwaltung der Zielgesellschaft auf Dauer gesehen u. U. genötigt ist, ihm Konzessionen zu
machen.

Das Höchststimmrecht ist somit kein ideales Abwehrmittel. Gleichwohl erschwert es Übernahmen, und es ist daher verständlich, daß große
Gesellschaften sich dieses Instrumentes zunehmend bedienen. Der BGH
hat die Einführung des Höchststimmrechts als rechtmäßig bezeichnet,
und zwar auch insoweit, als dadurch etwa in bestehende Besitzstände
eingegriffen wird.[46]

2. Als weiteres Abwehrmittel kann der Einsatz von genehmigtem
Kapital in Betracht kommen. Wir verstehen darunter bekanntlich Kapitalerhöhungen, die nicht ad hoc durch die Hauptversammlung beschlossen
werden, sondern die aufgrund einer Ermächtigung erfolgen, die die
Hauptversammlung für einen Zeitraum von höchstens 5 Jahren dem
Vorstand erteilt, der die Ermächtigung allerdings nur mit Zustimmung
des Aufsichtsrats ausnutzen darf.[47]

Der Einsatz genehmigten Kapitals kann in zweierlei Form vorgenommen werden:

a) Zum einen kann das Kapital dergestalt erhöht werden, daß allen
Aktionären – also auch dem Übernehmer, soweit er bereits über Aktien
der Gesellschaft verfügt – ein Bezugsrecht eingeräumt, richtiger gesagt,
das gesetzliche Bezugsrecht belassen wird. In diesem Fall führt die
Kapitalerhöhung nicht dazu, daß sich die Beteiligungsquote des Übernehmers verringert, sondern sie bewirkt lediglich, daß der Übernehmer, um
die Mehrheit bzw. die Kontrolle zu erlangen, zusätzliches Kapital auf-
bringen muß. Dies ist zwar lästig, muß für ihn jedoch nicht unbedingt ein
Grund sein, sein Vorhaben aufzugeben.

b) Anders verhält es sich, wenn das Bezugsrecht der Aktionäre ausgeschlossen wird und die neuen Aktien von befreundeten Dritten übernom-

---

[46] BGHZ 70, 117.
[47] § 202 Abs. 1 AktG.

men werden. In diesem Fall verschieben sich die Beteiligungsquoten. Verfügt der Übernehmer z. B. im Zeitpunkt der Kapitalerhöhung über 25 % und wird das Kapital um 25 % erhöht, so stellt sich die Beteiligungsquote des Übernehmers nach der Erhöhung nur noch auf 25 % von 125, d. h. auf 20 %.

Dieses probat erscheinende Verfahren scheitert jedoch nach der derzeitigen Judikatur des BGH an rechtlichen Erfordernissen. Der BGH läßt einen Ausschluß des Bezugsrechts nur unter sehr engen Voraussetzungen zu; seine Auffassung zu der Problematik hat er in der Kali + Salz-Entscheidung aus dem Jahre 1978[48] und in dem Holzmann-Urteil aus dem Jahre 1982[49] dargelegt. Danach darf die Hauptversammlung dem Vorstand die Ermächtigung zum Bezugsrechtsausschluß nicht schon dann erteilen, wenn der Ausschluß einer bloß theoretischen künftigen Möglichkeit Rechnung tragen soll, sondern der Grund für den Ausschluß muß sich bereits konkret abzeichnen. Die Hauptversammlung kann nach dieser Rechtsprechung die Ermächtigung zum Bezugsrechtsausschluß also auch nicht mit der Maßgabe erteilen, daß der Vorstand von ihr nur im Falle eines konkreten Übernahmeversuchs Gebrauch machen darf.

Über die der Rechtsprechung des BGH zugrundeliegende Rechtsauffassung kann man unterschiedlicher Meinung sein.[50] Einstweilen hat man diese Auffassung jedoch als Faktum hinzunehmen. Ob der BGH seine Ansicht im Falle einer Zunahme gesellschaftsrechtlich schädlicher Übernahmeversuche ändern würde, kann nicht vorausgesagt werden.

Das Fazit ist also, daß ein genehmigtes Kapital nur in der zunächst beschriebenen Form, d. h. unter Gewährung eines Bezugsrechts an alle Aktionäre, als Abwehrmittel in Betracht kommt. Es ist damit ein verhältnismäßig stumpfes Schwert, aber immerhin doch ein Schwert, das in das Waffenarsenal der Gesellschaft einbezogen werden kann.

Das eben Gesagte gilt sinngemäß auch für den Einsatz von Options- und Wandelanleihen. Die Aktienumtausch- und Bezugsrechte, die aufgrund solcher Anleihen bestehen, können für den Übernehmer ebenfalls zu einer Verteuerung seines Übernahmeversuchs führen. Dagegen kann durch Ausübung dieser Rechte nach derzeitigem Rechtszustand nicht erreicht werden, daß sich die Beteiligungsquote des Übernehmers verringert, weil das voraussetzen würde, daß das Bezugsrecht der Aktionäre auf Beteiligung an den Wandel- und Optionsanleihen ausgeschlossen wird;

---

[48] BGHZ 71, 40 ff.

[49] BGHZ 83, 319.

[50] Vgl. aus der Literatur Lutter, BB 1981, 861; Marsch, Die AG 1981, 211; Quack, ZGR 1983, 257; Sturies, WPG 1982, 581; Timm, DB 1982, 211; van Venrooy, DB 1982, 735 und BB 1982, 1137.

24

hier gelten jedoch, soweit es sich um Inlandsanleihen handelt, wiederum die eben erläuterten strengen Grundsätze des BGH, die den Ausschluß unmöglich machen.

3. Als Abwehrmittel wird weiterhin der Erwerb eigener Aktien durch die Gesellschaft diskutiert. Ein solcher Erwerb ist bekanntlich, soweit hier in Betracht kommend, nur zulässig, wenn er dazu dient, um einen schweren, unmittelbar bevorstehenden Schaden von der Gesellschaft abzuwenden; der Erwerb ist dabei auf maximal 10 % des Grundkapitals beschränkt.[51] Ob der Übernahmeversuch einen unmittelbar bevorstehenden schweren Schaden für die Gesellschaft darstellt, kann sehr zweifelhaft sein, und zwar auch dann, wenn man die Auffassung vertritt, daß der Vorstand berechtigt sei, den Übernahmeversuch abzuwehren.[52] Der BGH hat zwar in einer früheren Entscheidung aus dem Jahre 1960[53] die Auffassung vertreten, ein Bezugsrechtsausschluß sei zulässig, wenn er dazu diene, ein Konkurrenzunternehmen, das an der Vernichtung der Gesellschaft interessiert sei, abzuwehren. Aus dieser Entscheidung könnte die Schlußfolgerung gezogen werden, daß unter einer solchen Voraussetzung auch der Erwerb eigener Aktien zulässig sei. Wie erwähnt, stellt der BGH jedoch heute an den Bezugsrechtsausschluß so strenge Anforderungen – zumindest soweit es Kapitalerhöhungen aus genehmigtem Kapital betrifft –, daß er wohl auch den Erwerb eigener Aktien als Abwehrinstrument nicht billigen würde.

Wie dem aber auch sei, der Erwerb eigener Aktien erweist sich ohnehin als zumeist ungeeignete Defensivmaßnahme, die für die Gesellschaft sogar u. U. schädlich sein kann. Aus eigenen Aktien darf die Gesellschaft nämlich kein Stimmrecht ausüben.[54] Der Erwerb eigener Aktien hat deshalb zur Folge, daß sich die Gesamtstimmenzahl ermäßigt, was wiederum dazu führt, daß eine bereits bestehende Stimmrechtsquote des Übernehmers steigt. Nützlich könnte der Erwerb eigener Aktien allerdings sein, wenn er dazu führt, daß sich die Beteiligungsquote eines bereits vorhandenen „freundlichen" Großaktionärs so erhöht, daß der Übernahmeversuch für den Übernehmer uninteressant wird, oder wenn der Markt in den Aktien der Zielgesellschaft dadurch eng und teuer wird.

4. Ein verhältnismäßig probates Mittel, um jeden Übernehmer abzuschrecken, wäre die Vinkulierung der Aktien, d. h. die Einführung einer

---

[51] § 71 Abs. 2 Satz 1 AktG.
[52] Vgl. zu der Problematik Hefermehl/Bungeroth in Geßler/Hefermehl/Eckardt/Kropff, AktG, § 71 Rdn. 56 ff; Lutter in Kölner Kommentar zum AktG, 2. Aufl., § 71 Rdn. 24, jeweils m. w. N.
[53] BGHZ 33, 175 ff (186).
[54] § 71 b AktG.

Regelung, nach der jede Aktienübertragung der Zustimmung der Gesellschaft bedarf; ich erwähnte bereits, daß für die Erteilung der Zustimmung
primär mangels anderweitiger Satzungsregelung der Vorstand zuständig
ist. Die Vinkulierung läßt sich jedoch, sofern sie nicht von Anfang an
besteht, nachträglich technisch kaum durchführen, da sie der Zustimmung
aller betroffenen Aktionäre bedarf[55], die zumeist nicht erhältlich ist.
Abgesehen hiervon läßt sich durch die Vinkulierung nicht verhindern, daß
Aktien ohne dingliche Wirkung in der Weise veräußert werden, daß sich
der Veräußerer schuldrechtlich verpflichtet, künftig nach den Weisungen
des Erwerbers abzustimmen.[56]

5. Bei Vorhandensein oder Schaffung[57] mehrerer Aktiengattungen
wäre schließlich noch daran zu denken, die Aktien einer – der kleinsten –
Gattung durch befreundete Unternehmen erwerben zu lassen. Diese
könnten dann in den zahlreichen Fällen, in denen bei Hauptversammlungsbeschlüssen in den einzelnen Gattungen Sonderbeschlüsse zu fassen
sind[58], also insbesondere bei Kapitalmaßnahmen und Verschmelzungen[59],

---

[55] § 180 Abs. 2 AktG.

[56] Das gilt rein faktisch auch dann, wenn man derartige schuldrechtliche
Absprachen für bedenklich hält; vgl. zu der Problematik Lutter in Kölner Kommentar zum AktG, 2. Aufl., § 68 Rdn. 48 ff m. w. N.

[57] Die nachträgliche Schaffung von neuen Aktiengattungen im Wege einer
Kapitalerhöhung ist durch einen Beschluß mit satzungsändernder Mehrheit möglich; vgl. Kraft in Kölner Kommentar zum AktG, 2. Aufl., § 11 Rdn. 20 und
Eckardt aaO (Fn. 44), § 11 Rdn. 28. Dabei ist den Aktionären allerdings ein
Bezugsrecht einzuräumen, so daß der mit der Kapitalerhöhung verfolgte Zweck
nicht immer erreicht werden kann. Eine andere rechtliche Situation besteht, wenn
nicht neue Aktien geschaffen, sondern der Inhalt vorhandener Aktien bestimmter
Aktionäre – der befreundeten Unternehmen – durch eine Satzungsänderung dergestalt geändert wird, daß eine neue Gattung entsteht. Die Änderung kann in einer
Verstärkung oder einer Verminderung der Rechte aus den betreffenden Aktien
bestehen. Eine Verstärkung wird im Regelfall aus praktischen Gründen ausschei-
den, weil darin eine Verletzung des Gleichbehandlungsgrundsatzes läge. Eine
Verminderung der Rechte würde dagegen nur der Zustimmung der benachteiligten
Aktionäre bedürfen; läge sie vor, so könnte der satzungsändernde Hauptversammlungsbeschluß unter Gleichbehandlungsgesichtspunkten nicht angefochten werden. Die Rechtsverminderung könnte z. B. in einer verringerten Beteiligung der
betreffenden Aktien am Liquidationserlös bestehen; eine Gattungsverschiedenheit
würde auch dadurch begründet, daß die Zwangseinziehung dieser Aktien gegen
angemessenes Entgelt unter bestimmten Voraussetzungen gestattet wird.

[58] Vgl. §§ 179 Abs. 3, 182 Abs. 2, 193, Abs. 1 Satz 3, 202 Abs. 2 Satz 4, 222
Abs. 2, 229 Abs. 3, 237 Abs. 2 Satz 1, 295 Abs. 2 Satz 1, 296 Abs. 2 Satz 1, 297 Abs. 2
Satz 1, 340 c Abs. 3, 353 Abs. 1, 355 Abs. 2 Satz 1, 356 Abs. 2, 358 a Satz 2, 359
Abs. 2 Satz 1, 360 Abs. 2 Satz 1 AktG.

[59] Besonders die Unmöglichkeit, eine Verschmelzung durchzuführen, kann
für den Übernehmer – vor allem für den unseriösen Übernehmer – nachteilig sein,

eine Sperrwirkung ausüben. Es entstände dadurch die umgekehrte Situation wie bei Bestehen eines Höchststimmrechts; kann dort der Bieter, der zwar nicht die Stimmenmehrheit, wohl aber die Kapitalmehrheit bzw. eine Kapitalsperrminorität erreicht hat, die unternehmerische Entscheidungsfreiheit der Zielgesellschaft lähmen, so stände diese Möglichkeit hier der Zielgesellschaft durch das Medium der ihr befreundeten Unternehmen gegenüber dem Übernehmer – auch einem erfolgreichen Übernehmer – zu.[60]

Die Zielgesellschaft muß allerdings abwägen, ob die Erschwernisse, die das Vorhandensein einer zweiten Aktiengattung durch das Erfordernis der Sonderbeschlüsse auch schon vor Auftauchen eines Bieters mit sich bringt, die damit im Falle des Versuchs eines takeovers verbundenen Vorteile aufwiegen. Die Entscheidung wird sich nur unter Berücksichtigung der jeweiligen Einzelumstände treffen lassen.

6. Auf einem anderen Gebiet liegen Abwehrmaßnahmen, die den Übernehmer daran hindern sollen, das Management nach der Übernahme auszutauschen und seine Ziele mittels einer willfährigen Verwaltung zu verfolgen. Hier gibt es verschiedene Möglichkeiten:

a) Das Ziel, den Vorstand abzuberufen, kann der Übernehmer nur verwirklichen, wenn der für die Abberufung allein zuständige Aufsichtsrat einem entsprechenden Wunsch des Übernehmers folgt. Lehnt er dies ab, so gibt es für den Übernehmer, auch wenn er die Aktienmehrheit hat, nur zwei Möglichkeiten: Entweder wartet er den Ablauf der Amtszeit des Aufsichtsrats ab, um dann einen ihm genehmen neuen Aufsichtsrat zu installieren, oder er beruft den Aufsichtsrat sogleich ab, was nach § 103 Abs. 1 AktG auch ohne wichtigen Grund zulässig ist. Für die Abberufung benötigt er indessen nach dem Gesetz eine ¾-Stimmenmehrheit. Da diese Mehrheit nicht zwingend ist, pflegten die Gesellschaften bisher in ihren Satzungen zumeist festzuschreiben, daß die einfache Stimmenmehrheit genügen solle. Diese Praxis muß heute neu überdacht werden. Im Regel-

---

da sie es ihm erschwert, auf die Vermögenswerte der Zielgesellschaft zum Zwecke der Finanzierung des takeovers zurückzugreifen. Vgl. dazu Lutter/Wahlers aaO (Fn. 1), 12 f.

[60] Ergänzt werden könnte diese Regelung durch eine Satzungsbestimmung, nach der die Gattungsverschiedenheit nur unter erschwerten Voraussetzungen (erhöhte qualifizierte Kapitalmehrheit) beseitigt werden kann. Anlaß für eine solche Erschwerung kann der Umstand sein, daß die Beseitigung des Gattungsunterschiedes nach § 179 Abs. 3 AktG nur dann eines Sonderbeschlusses innerhalb der Gattungen bedürfen würde, wenn durch die Beseitigung eine Benachteiligung der Stammaktien einträte. Ob das der Fall wäre, kann – je nach Art der die Gattungsverschiedenheit begründenden Merkmale – u. U. zweifelhaft sein; vgl. Zöllner in Kölner Kommentar zum AktG, 1. Aufl., § 178 Rdn. 55 f.

fall dürfte es sich unter den heutigen Verhältnissen empfehlen, es bei der gesetzlichen ¼-Stimmenmehrheit zu belassen.

b) Ein Mittel, zu verhindern, daß der Übernehmer auch nach Auswechslung des Aufsichtsrats in diesem Gremium nicht über die Mehrheit verfügt, gibt es im Normalfall nicht. Zwar verfügen in mitbestimmten Gesellschaften die Arbeitnehmervertreter über die Hälfte der Aufsichtsratssitze. Da indessen der Übernehmer bei der Auswechslung in der Lage ist, als Aufsichtsratsvorsitzenden sich selbst oder eine ihm genehme Persönlichkeit einsetzen zu lassen, erlangt er die Vorteile, die sich aus dem Zweitstimmrecht des Vorsitzenden ergeben, so daß er auch dann über die Mehrheit verfügt, wenn sich die Arbeitnehmerseite geschlossen gegen seine Wünsche stellt. Verhindern läßt sich sein Übergewicht nur dann, wenn nach der Satzung Entsendungsrechte bestehen[61] und der Entsendungsberechtigte dem Einfluß des Übernehmers entzogen bleibt. Hier würde z. B. im Falle eines Ausplünderungsversuchs des Übernehmers die Arbeitnehmerbank und das entsandte Aufsichtsratsmitglied auch nach einer Auswechslung der übrigen Aktionärsvertreter über die Mehrheit im Aufsichtsrat verfügen, so daß die Voraussetzungen für eine Abberufung des Vorstandes nicht bestünden. Nachträglich Entsendungsrechte zum Zweck der Abwehr von Übernahmeversuchen in der Satzung zu verankern, ist allerdings eine ungewöhnliche Maßnahme, die, soweit ich sehe, aus Abwehrgründen bisher noch keine Gesellschaft ergriffen hat und die hinsichtlich der Auswahl des Entsendungsberechtigten recht problematisch sein kann.

c) Helfen die bisher aufgezeigten Abwehrmittel nicht weiter, so kann eine sofortige Auswechslung des Vorstandes durch einen willfährigen Aufsichtsrat bis zu einem gewissen Grade dadurch verhindert werden, daß der frühere Aufsichtsrat vor seiner Auswechslung den alten Vorstand nochmals auf 5 Jahre neu bestellt in der Hoffnung, daß der neue Aufsichtsrat sich dann gehindert sieht, den alten Vorstand vor Ablauf seiner neuen Amtzeit abzuberufen. Dieses zum Teil bereits erörterte Verfahren ist jedoch nach meiner Ansicht nicht besonders hilfreich. Zum einen besagt § 84 AktG, daß eine Neubestellung des Vorstandes frühestens 1 Jahr vor Ablauf seiner bisherigen Amtszeit beschlossen werden darf; soweit diese Voraussetzung nicht besteht, könnte man deshalb bereits über die Wirksamkeit der Neubestellung streiten. Zum anderen würde die Neubestellung den Übernehmer nicht daran hindern, den Vorstand mit der Behauptung, er lasse es an der notwendigen Kooperationsbereitschaft fehlen, aus wichtigem Grund vorzeitig abzuberufen. Ob die Weigerung

---

[61] § 101 Abs. 2 AktG.

des Vorstandes, den Wünschen des neuen Aktionärs und des neuen Aufsichtsrats zu folgen, der Gesellschaft abträglich wäre und einen wichtigen Grund darstellen würde, ist zwar zweifelhaft und dürfte im Regelfall zu verneinen sein. Das hilft jedoch nicht weiter, da der dennoch ausgesprochene Widerruf nach dem Gesetz wirksam ist, bis seine Unwirksamkeit rechtskräftig festgestellt wird.[62] Angesichts der heutigen Dauer durch drei Instanzen gehender Prozesse könnte der Übernehmer somit rein faktisch zunächst einmal einen neuen Vorstand einsetzen lassen. Die Neubestellung des alten Vorstandes hätte allerdings, falls sie wirksam ist, für den Übernehmer die unangenehme Folge, daß die Ansprüche aus den Anstellungsverträgen der alten Vorstandsmitglieder noch für einen Zeitraum von 5 Jahren erfüllt werden müßten.

7. Als in Betracht kommendes Abwehrmittel ist schließlich noch die Begründung wechselseitiger Beteiligungen im Sinne des § 19 AktG zu erwähnen. Zwei übernahmebedrohte Gesellschaften könnten darauf hinwirken, daß sie wechselseitig Beteiligungen von jeweils mehr als 25 % erwerben. Dadurch wäre dem Übernehmer die Möglichkeit genommen, eine qualifizierte Mehrheit zu erlangen. Daß von dieser Gestaltungsmöglichkeit nennenswert Gebrauch gemacht werden wird, glaube ich nicht.

8. Abschließend seien noch einige in den USA angewendete Abwehrmittel genannt, die für unseren innerdeutschen Bereich allerdings kaum in Betracht kommen dürften.

a) Da ist zunächst der sog. „Weiße Ritter", der „White Knight". Damit ist ein der Gesellschaft freundlich gesonnener Dritter gemeint, der ein Übernahmeangebot mit einem für die Aktionäre günstigeren Gegenangebot beantwortet. Hat dieses Gegenangebot Erfolg, so vermeidet die Gesellschaft zwar nicht die Abhängigkeit, sie tauscht jedoch einen unliebsamen Großaktionär gegen einen für sie erträglicheren Aktionär aus. Nachträglich kann sich allerdings herausstellen, daß der Teufel mit dem Beelzebub vertrieben wurde, und für den Regelfall ist deshalb die Einschaltung eines white knight sicher nicht anzuraten.

b) In den USA gibt es ferner die Institution der poison pills, der Giftpillen. Darunter werden für den Übernehmer finanziell ungünstige Regelungen verstanden, die in Kraft treten, wenn ein Übernahmeversuch bekannt wird. Der Übernehmer soll auf diese Weise von der Übernahme abgeschreckt werden. Die wohl beliebteste Giftpille besteht darin, daß den Aktionären mit Ausnahme des Übernehmers Vorzugsaktien überlassen werden, die zum Bezug weiterer Aktien zu einem außerordentlich günstigen Kurs berechtigen oder gegen Schuldverschreibungen der Ziel-

---

[62] § 84 Abs. 3 AktG.

gesellschaft eingetauscht werden können. Im ersteren Fall – er ähnelt funktionell der Ausnutzung genehmigten Kapitals unter teilweisem Ausschluß des gesetzlichen Bezugsrechts – muß der Übernehmer, um sein Ziel zu erreichen, mehr Aktien als geplant erwerben; im letzteren Fall steigen die Verbindlichkeiten der Zielgesellschaft. Abwehrmaßnahmen können auch darin bestehen, daß das Unternehmen im Falle des Übernahmeversuchs bestimmte Vermögensteile (crown juwels) veräußert und den Erlös an die Aktionäre ausschüttet. Die Mittel der Zielgesellschaft, auf die der Übernehmer im Wege des leveraged buyout zurückgreifen kann, oder Vermögensgegenstände, die ihm besonders reizvoll erscheinen, werden auf diese Weise verringert. Der Erlös kann auch zum – nach US-Recht zulässigem – Rückkauf eigener Aktien verwendet werden, sofern zu erwarten ist, daß dies zu einer kurssteigernden Verknappung des Marktes in den Aktien der Gesellschaft führt. Ein Abwehreffekt wird ferner durch den Hinzuerwerb von Beteiligungen erreicht, durch die die Übernahme kartellrechtlich bedenklich wird. Schließlich gibt es sog. golden parachutes, das sind besonders günstige Vertragsbedingungen für das Management, die in Kraft treten, wenn der Übernahmeversuch erfolgreich verläuft. All diese Manipulationen, die übrigens auch nach US-Recht nicht schrankenlos erfolgen dürfen[63], sind m. E. für die deutschen Verhältnisse nicht zu befürworten, weil sie, soweit überhaupt zulässig, die Gesellschaft zumeist unangemessen schädigen. Fallgestaltungen, in denen solche Schädigungen bei einer Interessenabwägung hinzunehmen sind, um größeres Unheil abzuwenden, dürften bei uns außerordentlich selten sein.

c) Ein Blick sei abschließend noch auf die sog. Anti-asset-stripping-Maßnahmen geworfen, also Maßnahmen, durch die der Übernehmer gehindert werden soll, die Gesellschaft auszuschlachten. Die Maßnahmen können z. B. darin bestehen, daß sich das Unternehmen vor der Übernahme Dritten gegenüber verpflichtet, bestimmte Veräußerungen bei Vermeidung hoher Vertragsstrafen nicht vorzunehmen. Hier gilt das eben Gesagte in gleicher Weise. Eine Interessenabwägung wird in der Mehrzahl der Fälle dazu führen, solche Konstruktionen als unvertretbar anzusehen.

VIII.

Damit bin ich am Ende dieses Überblicks. Der dabei gewonnene Eindruck bleibt, obwohl zu vielen Einzelfragen klare Aussagen möglich sind, zwiespältig. Denn der Umstand, daß feindliche Übernahmeversuche insgesamt gesehen eher negativ zu bewerten sind, darf nicht darüber

---

[63] Lutter/Wahlers aaO (Fn. 1), 3 ff.

hinwegtäuschen, daß in Einzelfällen die positiven Seiten eines takeovers seine negativen Folgewirkungen durchaus übertreffen können. Mag dies auch die Ausnahme sein, so zwingt es doch dazu, Einzelwertungen vorzunehmen und von einer allzu pauschalen Betrachtung abzusehen. Wenn die Verhältnisse nicht klarliegen, dürfen Vorstand und Aufsichtsrat einer Gesellschaft also im Falle eines sich abzeichnenden Übernahmeversuchs nicht ohne weiteres Abwehrstrategien in Kraft setzen, sondern sind im Rahmen ihrer Sorgfaltspflicht gehalten, Vorteile und Nachteile des Versuchs und seine Auswirkungen auf das Unternehmen und die Aktionäre zu prüfen. Dies erfordert Objektivität und Fingerspitzengefühl, u. U. auch Hintansetzung persönlicher Belange. Fachkundige Beratung tut dabei not, und deshalb eröffnet sich hier auch für uns Juristen ein neuer interessanter Dienstleistungsbereich. Dies mag es rechtfertigen, daß ich ihre Aufmerksamkeit so lange in Anspruch nehmen durfte.

Schriftenreihe der Juristischen Gesellschaft zu Berlin

www.ingramcontent.com/pod-product-compliance
Lightning Source LLC
Chambersburg PA
CBHW050651190326
41458CB00008B/2511

9 783110 123265